# LETTRE D'UN FRANÇAIS

# A L'EMPEREUR,

SUR

LA SITUATION DE LA FRANCE ET DE L'EUROPE,

ET SUR LA CONSTITUTION QU'ON NOUS PRÉPARE.

*Vitam impendere vero.*

A PARIS,

CHEZ DELAUNAY, LIBRAIRE, PALAIS-ROYAL.

AVRIL, 1815.

# LETTRE D'UN FRANÇAIS

# A L'EMPEREUR,

SUR LA SITUATION DE LA FRANCE ET DE L'EUROPE, ET SUR LA CONSTITUTION QU'ON NOUS PRÉPARE.

---

## SIRE,

Un Français, qui n'a rien de plus cher que sa patrie; qui, dans ses principes, dans ses opinions, dans les actions de sa vie entière, ne consulta jamais sa vanité ni son intérêt, croirait manquer à son devoir s'il ne soumettait à votre majesté les réflexions que fait naître dans son esprit la situation actuelle de la France. Tous les gouvernemens qui, depuis vingt-cinq années, ont dirigé les destinées de ce peuple, tous, même le vôtre, Sire, sont tombés par leur propre faute; et si votre Majesté ne changeait de système, les mêmes fautes amèneraient infailliblement les mêmes résultats pour elle, et attireraient sur nous les plus épouvantables des calamités. Dans le cours de vos malheurs et de votre exil, vous avez dû réfléchir sur les causes qui les ont produits; mais en recouvrant votre puissance , vous avez retrouvé vos flatteurs, et les courtisans ne sont pas les meilleurs conseillers des Rois.

Le langage sévère de la vérité est le seul qui convienne aux circonstances, le seul que vous deviez entendre, le seul enfin qui, en éclairant votre religion, puisse assurer l'existence politique du peuple français.

Sire, on accuse depuis long-temps ce peuple d'inconstance ; mais, dans cette longue suite de révolutions auxquelles il est plus que temps de mettre un terme, c'est moins à la légèreté de notre caractère qu'il faut s'en prendre, qu'aux erreurs de nos gouvernans et aux défauts de leur administration passagère. Il n'entre point dans mon sujet de retracer ici l'histoire de nos crimes et de nos folies. Je ne connais peut-être plus en France un homme assez libre de conscience et d'esprit pour le faire; et les témoins de ces grandes et terribles catastrophes doivent laisser à la postérité le soin de les juger et de les écrire. Mais il est une vérité qu'il faut en extraire pour la justification des Français. Si, depuis la chute de Roberspierre, ils ont accueilli avec transport tous les changemens que l'Etat a subis, c'est que les auteurs de ces révolutions successives ont offert des espérances consolantes à des peuples fatigués de

leur situation présente. Si bientôt après, le dé-
goût, le mécontentement, les murmures, le
désir d'un meilleur ordre ont succédé aux épan-
chemens d'une allégresse véritable, c'est que
les divers chefs de l'Etat, aveuglés par une fausse
gloire, ou égarés par de fausses théories, ou dé-
crédités par de fausses mesures, ont manqué de
sagesse, de volonté ou de moyens, pour remplir leurs promesses et justifier nos espérances,
dans un siècle où les peuples sont devenus si
difficiles, où leur orgueil ne semble voir dans
les rois que des magistrats héréditaires, et ne
considère pour ainsi dire la royauté que comme
un bouclier contre l'anarchie.

Sire, toutes ces convulsions politiques ont
produit en nous une juste défiance de l'avenir.
Elles ont altéré le caractère de loyauté et de
franchise que les étrangers aimaient à nous reconnaître. L'instabilité de nos institutions a jeté
du vague dans nos cœurs, de l'irrésolution
dans nos idées. Nos spéculations, si souvent
trompées, n'ont ni point fixe, ni direction cer-
taine. L'égoïsme, le plus criminel égoïsme,
règne dans toutes les classes de la société. Les
cœurs s'isolent, les sentimens généreux se flé-
trissent, une inquiétude involontaire empoi-
sonne toutes les jouissances de la vie. La soif
de l'or a corrompu toutes les âmes. Le jour où

votre majesté fixa par un décret le tarif des fortunes au prix desquelles on pouvait acqué-rir les divers titres de noblesse qu'elle rétablis-sait, elle accéléra, sans le vouloir, la démorali-sation du peuple français ; aucun moyen ne parut illicite ; le traitant, l'administrateur infi-dèles, se hâtèrent d'ennoblir le fruit de leurs déprédations, et crurent les justifier par des parchemins et des armoiries. La rapidité de quelques fortunes a jeté les petites ambitions hors de leur sphère. Une seule, celle des hon-neurs et des grandes places, a triomphé de toutes ces ambitions d'état, qui maintenaient une si heureuse harmonie entre les différentes classes du peuple. Les conditions privées sem-blent maintenant au-dessous de la plus modeste. Encore, si ce désir immodéré d'éclat et de for-tune était relevé par un noble amour de la pa-trie, par l'intention généreuse de contribuer à son bonheur et à sa gloire ; mais non, nous avons passé par trop d'épreuves pour conser-ver cette heureuse illusion. Je ne vois presque partout que des égoïstes sous le masque, et je le dis avec un serrement de cœur inexpri-mable, les noms de patrie et d'honneur ont perdu presque leur magie.

De tous les ambitieux qui, plus heureux ou plus adroits que les autres, arrivent sur les marches d'un trône, en est-il beaucoup qui fassent abnégation d'eux-mêmes, et s'occupent exclusivement des intérêts du prince et de la nation? Affamés, pour la plupart, d'honneurs et de richesses, ils caressent la main qui en dispose ; et l'unique soin qui les anime est de conserver la faveur qui les leur assure. Sous un roi confiant et faible, ils l'abusent, ils le trompent, ils l'aveuglent, et le laissent mollement glisser dans l'abîme. Sous un prince entier et opiniâtre, ils essaient à peine une opposition nécessaire, se taisent dès qu'elle est dangereuse, courbent leurs fronts serviles sous le pied qui les écrase, ne se relèvent que pour insulter à la faiblesse, et laissent enfin précipiter le trône et le monarque dans un gouffre sanglant, sur les bords duquel ils restent debout avec leur fortune. J'en nommerais plusieurs qui eussent peut-être déchiré la promesse de Henri IV ; je n'en connais point deux qui eussent rejeté aux pieds de Louis XIV les sceaux que le monarque venait de polluer.

Au milieu de cette corruption générale, se font remarquer deux classes d'hommes, dans l'âme desquels nos dissensions et nos malheurs ont laissé des sentimens qu'il importe de détruire. Les uns, poussant tout à l'extrême, ne connaissant ni tempéramens, ni mesure, emportés par l'esprit de parti au-delà de toutes les

bornes, ne voyant de Français que dans les partisans de leur opinion, renfermant tout l'état
dans une famille, sacrifiant la patrie à l'intérêt
d'un homme, la verraient avec joie devenir la
proie de l'étranger, et souffriraient le démem-
brement de la France plutôt que la domination
du parti qu'ils détestent. Sous le règne des Bour-
bons, j'ai entendu quelques-uns de vos partisans énoncer hautement des sentimens aussi
criminels ; à votre retour, Sire, le même langage a passé dans d'autres bouches, et quels
que soient les Français qui l'osent tenir, il est
difficile de l'entendre sans douleur et sans indi-
gnation. Les autres ne sont dangereux que par
leur inertie. L'Etat n'en a rien à redouter, mais
il n'en doit rien attendre. Fatigués de révolutions, dégoûtés de grandeurs, l'indépendance
est devenue leur chimère ; ils y tendent par
toutes les voies, et s'endorment, dès qu'ils l'ont
acquise, dans une indifférence coupable.

Un empire, qui porte en lui même tous ces
élémens de destruction, pourrait se soutenir
quelque temps encore par la gloire des armes ;
mais cet éclat passager ne serait qu'une bril-
lante agonie. Ce n'est point sur la guerre et la
victoire que nous devons fonder notre avenir.
Ne prenons point pour des symptômes de vie
les transports d'une fièvre chaude : attaquons le

mal dans sa racine ; appelons à notre secours la paix et la sagesse. La nation toute entière a besoin d'être retrempée ; tout est à réparer jusqu'à la morale. Il faut rechercher les qualités originelles de ce peuple, qui, par une fatalité de son caractère, se trouve le plus instruit et le plus éclairé des peuples du monde, et en même temps le plus facile à égarer et à séduire. Amant de la gloire, capable des plus grandes choses, on obtient tout de lui quand on sait lui imposer ; et l'homme, à qui l'admiration ou la crainte soumettent aujourd'hui toutes les volontés de ce peuple, l'homme qui est en ce moment l'objet de tant de sentimens contraires, ne serait pas digne de conserver l'affection de ses partisans, ni de surmonter l'aversion de ses ennemis, si, oubliant les leçons de l'expérience et du malheur, il n'entourait de splendeur et de félicité la nation, qu'il tient pour ainsi dire dans sa main.

Je n'ai pas besoin de vous répéter, Sire, que la force d'un peuple n'est point dans l'immensité de son territoire. Votre Majesté nous l'a fait entendre ; et je la juge maintenant trop bien éclairée sur ses intérêts véritables, pour ne pas la croire désabusée de la triste et vaine gloire des conquérans. La nature nous a donné des limites ; elles doivent suffire à l'ambition d'un sage monarque ; et lorsque la nation française vous a permis de les franchir, elle a méconnu les intérêts de son bonheur et de sa gloire. Les hommes qui, sous le dernier règne, ont voulu nous prouver, contre leur conscience, que les capitales de Pharamond et de Charlemagne, que des peuples, qui nous appartiennent par le langage, les habitudes ou l'inclination, devaient être séparés de nous par la politique; ces hommes, dis-je, n'ont été que ridicules. Ceux qui, par des motifs d'intérêt, voudraient que la France débordât au-delà du Rhin, des Alpes ou des Pyrénées, seraient criminels et dangereux. Je ne prétends point cependant engager la nation à redemander ses frontières. La paix est aujourd'hui le premier besoin de la France et de l'Europe. Toutes les nations se trouvent dans le même état d'épuisement et de fatigue ; les souverains étrangers ne peuvent méconnaître leur position et la nôtre : et s'ils n'oublient pas ce que nous avons déjà fait avec les moyens qui nous restent, la modération de la France ne sera jamais sans gloire. Mais je dois dire qu'il importe à quelques-uns de ces souverains que la France subsiste dans sa force. La France, par la nature de sa position et le caractère de ses habitans, peut être seule le dernier boulevard de la liberté européenne ; et son alliance est devenue désormais nécessaire à des rois que la vieille politique en éloignait depuis deux cents ans.

L'équilibre de l'Europe est rompu. Depuis le traité qui l'avait établi, un empire, caché dans les régions du pôle, s'est avancé vers le centre de la terre. Il a franchi ses digues, dévoré ses rivages : il a grandi comme un colosse entre les empires ; sa tête effroyable se montre déjà par-dessus nos montagnes ; il menace à la fois l'Europe et l'Asie ; il touche à toutes les mers du globe, et n'a besoin, peut-être, pour s'en emparer, que d'un ambitieux entreprenant. Trop faible naguère pour balancer la puissance de la presqu'île des Scandinaves, il n'a fallu qu'un homme et qu'un siècle pour le placer au rang des premiers empires du monde. Il assiste aux conseils des nations, et pèse d'un poids immense dans la balance politique de l'Europe. Il a profité de nos fautes sans les prévoir, quelquefois même en cherchant à les prévenir. En voulant borner ses destinées, que protégent des climats trop funestes, nous avons accru son influence. Parvenu maintenant sur les confins de deux empires rivaux, il est de son intérêt d'entretenir leur jalousie réciproque, d'attiser les haines nationales qui les divisent, et la politique étroite qui dirige les cabinets de Vienne et de Berlin ne servira que trop la sienne. La Prusse et l'Autriche, placées en première ligne, devraient renoncer à se disputer des provinces, et loin de tendre a se dévorer l'une l'autre, elles auraient besoin plus que jamais de réunir leurs intérêts et leurs forces ; mais l'Europe ne doit pas compter sur cette alliance. La Prusse, à laquelle un héros a donné de l'ambition et de l'orgueil, ne verra jamais de gloire que dans l'anéantissement de sa rivale. Il n'est déjà plus temps de l'avertir que cette haine mal entendue la mettra dans la dépendance de la Russie ; elle y a été précipitée par les derniers événemens. L'Autriche n'a donc plus qu'à s'appuyer sur la France. Le machiavélisme de Charles-Quint, les desseins du cardinal de Richelieu, doivent être abandonnés de part et d'autre, et sans retour. La situation de l'Europe doit changer leur diplomatie. De nouveaux rapports doivent s'établir entre les deux Etats.

Si l'Autriche pouvait s'aveugler au point de méconnaître la nécessité de notre alliance, elle nous forcerait de l'abandonner au sort qui la menace, et de tourner tous nos regards vers les peuples d'Italie, non pour les asservir, mais pour y seconder cet amour de l'indépendance qui fermente dans toutes les têtes. Cette nation commence à reconnaître qu'elle n'est point faite pour ramper sous le joug des nations voisines.

Cette contrée magnifique s'indigne d'avoir été si long-temps le théâtre de tant de guerres allumées pour des intérêts étrangers. Ces peuples, à qui la vengeance divine semble faire expier, depuis quatorze siècles, l'ambition de Rome, et le pillage de l'univers, ces peuples, qui ont rejeté les entraves du fanatisme et de la superstition, sentent déjà qu'ils ont d'autres fers à briser, d'autres destinées à remplir, et qu'il est pour eux une autre célébrité que celle des arts et des monumens. Tant que leur insouciance a consenti à demeurer la proie du plus fort, il était naturel que la France cherchât à les enlever à une domination rivale ; mais s'ils devenaient ce qu'ils doivent être, s'ils prenaient la noble résolution de n'appartenir qu'à eux-mêmes, notre position respective nous donnant des intérêts communs, il ne pourrait s'établir entre nous qu'une alliance éternelle ; et notre prépondérance, loin d'être pour eux un sujet d'alarme, deviendrait le plus sûr garant de leur liberté. Quant à l'Espagne, cette nation nous reviendra d'elle-même, quand elle aura perdu le souvenir de nos injures. Sans ambition comme sans prévoyance, cette monarchie du treizième siècle est retombée sous le joug des moines et des prêtres ; mais l'or du Nouveau-Monde manquera bientôt à son indo-

lence, et la force des choses l'entraînera infailliblement dans notre système.

L'Angleterre, dont les peuples n'aspirent
qu'à devenir les marchands de l'Europe, et les
banquiers de l'univers, est convaincue sans
doute que, si le continent obéissait jamais à un
seul et même souverain, elle ne serait bientôt
plus qu'une province de ce vaste empire. Elle
est donc intéressée à y maintenir deux puis-
sances prépondérantes pour les opposer sans
cesse l'une à l'autre; et ne pouvant s'emparer
de l'un des bassins de la balance, elle est, ou
sera contrainte de nous l'abandonner, car sa
haine politique n'ira jamais jusqu'à lui faire méconnaître ses intérêts.

Il me paraît donc important, pour une grande
portion de la famille européenne, que la France
demeure puissante; et sans vouloir examiner
s'il est possible de l'empêcher de l'être, il est
hors de doute que les nouveaux efforts qu'on
pourrait faire pour nous dicter des lois auraient
pour résultat infaillible de donner un nouvel
accroissement de forces à une puissance plus
dangereuse que la nôtre. Mais il faudrait aussi
qu'une déclaration solennelle rassurât les peuples voisins sur les intentions ultérieures de la
France. Il ne suffirait point que cette déclaration
fût une simple note diplomatique : c'est dans la

constitution même de l'Etat qu'il faudrait la consigner. Je voudrais que, par cette constitution, les plus fortes garanties fussent données à l'Europe ; que le souverain de la France fût déclaré déchu de sa couronne par le fait même de son absence, dès qu'il aurait passé les bords du Rhin, le sommet des Alpes ou des Pyrénées ; et que l'on fixât irrévocablement la portion des forces de l'Empire, qu'il lui serait libre d'employer hors des limites, ou de mettre à la disposition de ses alliés.

Cette répression volontaire de notre puissance offensive serait sans inconvénient pour nous, si l'on pourvoyait en même temps à la défense du territoire par toutes les ressources d'une nation essentiellement belliqueuse. Le maintien des gardes nationales deviendrait alors une mesure de rigueur ; et ce garant de la liberté publique serait également le palladium de notre indépendance. Au moment d'une invasion, la population toute entière se trouverait sous les armes ; à cette attitude imposante d'un grand peuple, l'ennemi se replierait de lui-même sans combattre, et tremblerait d'être encore poursuivi jusque dans ses derniers boulevards.

Mais, Sire, pour obtenir ce mouvement spontané d'un peuple libre, il est nécessaire qu'il le soit, qu'une Constitution libérale fixe invaria-

blement les droits du monarque et les siens; que
tous les partis s'y faisant des concessions réci-
proques, soient intéressés à la maintenir; que
l'agriculture, l'industrie et le commerce soient
environnés d'une protection puissante, et se
prêtent un mutuel appui; que toutes les opérations du Gouvernement, tous les actes du souverain et des ministres n'aient jamais d'autre
but que la prospérité nationale; que n'ayant
absolument rien à envier aux autres peuples,
satisfaits de notre situation, mettant tout en
œuvre pour la conserver, nous nous soulevions
à la seule idée du plus léger changement dans l'É-
tat, et qu'enfin toute domination étrangère nous
semble réellement une domination ennemie.

Est-il possible de concevoir que, chez la nation la plus éclairée, la plus polie, la plus so-
ciable, dans une des contrées les plus riantes et
les plus fertiles, sous le plus doux, le plus agréa-
ble des climats, il ait passé des temps de trouble
et d'anarchie, où des familles entières ont couru
sur les bords sablonneux de la Sprée, dans les
forêts de l'Amérique, dans les climats glacés de
la Moscovie, pour trouver un asile contre l'op-
pression, et mendier la protection des rois?
N'est-ce point parmi nous que les mécontens
de tous les empires devraient chercher et trouver un refuge? Ah! revenons, revenons à notre

caractère. Il est plus beau d'être les médiateurs que les maîtres des peuples. Qu'il nous suffise d'en être respectés; ne soyons point jaloux de leur inspirer de la terreur.

Sire, je ne suppose point, comme on affecte de le craindre, que Votre Majesté veuille établir un Gouvernement militaire. Nos idées le repoussent, et je le crois bien loin de votre pensée. Ce Gouvernement est de sa nature oppresseur et tyrannique. En poussant toutes les ambitions dans une seule carrière, il enchaîne l'industrie, force les inclinations, arrête l'essor du génie et de la pensée, nuit aux progrès de la civilisation, fait reculer l'esprit humain et ramène insensiblement aux siècles d'ignorance et de barbarie. En rendant les enfans étrangers à leurs familles, il détruit les affections les plus douces, les liens les plus sacrés. Les lois s'y taisent devant le glaive; les citoyens y sont sans protection comme sans mœurs contre les vexations arbitraires de l'homme armé. Condamnés à une obéissance passive, ils deviennent indifférens au sort de la république. Comme ils n'ont pour ainsi dire de rapport avec l'État que le paiement de l'impôt, il leur importe peu de savoir même le nom de leur maître; et s'ils l'apprennent, ce n'est, hélas! que pour le maudire. Non, non, que dans le corps politique, ainsi que dans le corps humain, le bras reste soumis à la tête. Que la force obéisse, et que la sagesse gouverne. L'armée a son rôle : il est noble, il est glorieux, il est celui des grandes âmes. Le dépôt sacré de l'honneur est commis à sa garde; elle est le bouclier de la patrie, son espérance dans les périls; et dans tous les temps, elle doit être son orgueil; les plus belles récompenses lui appartiennent : mais qu'elle laisse l'administration de l'Empire à ceux qui en supportent les charges. Elle n'a point de droits sur l'Etat; elle n'a que des devoirs à remplir envers lui. Après vingt-cinq ans de discorde et de bouleversemens politiques, quand le peuple s'accoutume à changer de maître, quand toutes les ambitions sont en mouvement, toutes les passions en effervescence, tous les esprits en fermentation; quand tous les partis sont pour ainsi dire sous les armes; quand toutes les haines semblent s'être fortifiées de tant d'espérances trahies et de tant d'espérances nouvelles, l'exemple que, dans la plus étonnante des révolutions, votre position vous a contraint de donner, ne serait point sans danger pour nous, si je ne connaissais toutes les ressources de votre génie. Dans moins de cinq lustres, nous avons rappelé tout ce que les révolutions romaines ont offert de grand et de terrible, de glorieux et d'avilissant. Abolition des rois, tyrannie populaire, proscriptions de Sylla, discordes civiles, conquête du monde, renaissance du trône; arrêtons-nous, Sire, les Barbares s'agitent dans leurs forêts, n'ouvrons pas les annales du Bas-Empire. La prolongation de la guerre, en détruisant les individus, ne ferait que propager de dangereux principes. C'est à la paix seule qu'il faut recourir. La paix rétablit la subordination et la discipline. La paix asseoit les institutions et les affermit. Nos finances doivent être dans un affreux désordre; mais la France produit de l'or, et c'est la paix seule qui le fait germer.

Parmi les abus qui, dans cette partie de l'administration, nécessitent une prompte réforme, la cumulation de plusieurs traitemens sur une même tête, doit fixer les premiers regards de nos législateurs. Que l'on aborde cette question franchement et sans intérêt, et l'on reconnaîtra que cet usage vicieux n'a été soutenu que par des sophismes. L'homme est de sa nature insatiable. Donnez un champ libre à ses désirs, il devient impossible de le satisfaire; il vous fait bientôt un crime de ce que vous lui refusez, et finit presque toujours par être l'ennemi de celui-là même qui l'a comblé de bienfaits. Au-dessus de dix mille francs, toute cumulation d'appointemens doit être sévèrement interdite.

Les hommes , dont les sentimens patriotiques ne seraient point à l'épreuve de cette mesure , ne sont ni les amis de leur pays, ni ceux du souverain qu'ils flagornent. S'ils ont besoin de faste et d'opulence pour se faire respecter, qu'ils se retirent, ils sont indignes de leur place. A ces considérations générales vient se joindre une considération de circonstance. Vous avez contracté de nombreux engagemens, vous avez de nombreux services à payer; en multipliant les mêmes récompenses sur le même individu, vous vous ôtez les moyens d'en satisfaire un plus grand nombre, et vous vous placez dans la fâcheuse alternative d'aggraver les charges de l'état, ou de grossir la foule des mécontens.

Notre système de représentation nationale me paraît évidemment vicieux. La permanence des corps délibérans, l'inamovibilité de leurs membres, ou la trop longue durée de leurs fonctions offrent plus d'inconvéniens que d'avantages. Leur plus grand vice est de produire l'esprit de corps, qui est souvent contraire à l'esprit de la nation, de donner aux hommes faibles ou dont le caractère s'affaiblit en vieillissant, une complaisance coupable pour les dispensateurs des grâces. L'expérience nous a prouvé que les droits et les intérêts du peuple étaient mal défendus par une assemblée dont l'existence se

prolonge sous l'influence des ministres , dans
une ville où sont réunis tous les genres de corruption, dans un siècle où les hommes sont si
faciles à corrompre. Je choisirai donc , parmi les
institutions dont nous avons fait l'essai , ce
qu'elles peuvent avoir d'avantageux et d'utile ;
et , suppléant à ce qui leur manque par des théories nouvelles , je proposerai un autre système
qui me paraît donner moins de prise à la corruption , et laisser moins de chances aux usurpa-
tions du despotisme ministériel. Je le soumets à
la sagesse de votre majesté , et la prie de le consi-
dérer dans son ensemble.

Je réglerais donc le nombre des représentans
ou sénateurs sur la population des départemens,
à raison d'un député par vingt mille individus ,
et j'en laisserais le choix aux colléges électoraux
dont la composition me semble devoir être main-
tenue. Ces représentans, dont le nombre s'éle-
verait à douze à treize cents , ne siégeraient que
par cinquième dans les sessions annuelles ; ils
seraient tous les ans désignés par le sort, de ma-
nière cependant que les noms des individus déjà
sortis ne fussent remis dans l'urne qu'après l'ap-
pel du dernier cinquième. Chacun d'eux siége-
rait ainsi le même nombre de fois dans l'assemblée nationale , et les différentes sessions ne réu-
niraient jamais les mêmes hommes ; je déclare-

rais l'incompatibilité de leurs fonctions avec celles de ministre, de conseiller d'état, de préfet, de tous les magistrats enfin qui seraient plutôt les hommes du gouvernement que de la loi. Retirés pendant quatre années au fond de leurs provinces, ils deviendraient les juges de leurs collègues, ils recueilleraient l'opinion de leurs concitoyens sur la conduite politique de leurs égaux, et s'attacheraient, à leur tour, à mériter l'estime de leurs commettans. Je les rendrais inamovibles; mais je laisserais aux colléges électoraux le droit de les révoquer, en déclarant que tel ou tel de leurs représentans a perdu la confiance du peuple.

Il est des cas extraordinaires qui nécessiteraient la réunion de tous les députés, comme les déclarations de guerre, la ratification des traités de paix, la création d'un nouvel impôt, les changemens à faire à la constitution. Je diviserais alors la France en dix arrondissemens provinciaux, composés chacun d'un pareil nombre de départemens. Le souverain désignerait les chefs-lieux de ces diétines, et adresserait à chacune d'elles ses propositions. Les voix seraient comptées par assemblée; dans les deux derniers cas seulement, je donnerais au Conseil d'état une voix en cas de partage. Dans les deux premiers, qui concerneraient la paix et la guerre, ce même Conseil d'état aurait une voix, le souverain une autre; et si les opinions se trouvaient encore partagées, j'accorderais la prépondérance à celle du monarque. Il est évident que si, malgré ces avantages, les suffrages des diétines l'emportaient sur le sien, la guerre serait injuste, la paix déshonorante, et que l'une et l'autre seraient contraires au vœu de la nation. On m'objectera peut-être que la marche des troupes, les apprêts du matériel, les mystères diplomatiques, ne peuvent s'accommoder de cette forme constitutionnelle; que les délais causés par ces assemblées provinciales peuvent nuire au succès des opérations militaires, et donner à l'ennemi le temps de nous prévenir. Mais je prie Votre Majesté d'observer que, dans le cas de guerre, je laisse au monarque la liberté de faire ses préparatifs, sans qu'on puisse lui en demander compte; et que, dans le cas de paix, je ne lui ôte pas le droit de conclure des trèves et de signer des articles préliminaires. Au reste, ces dernières clauses ne sont point essentiellement liées à mon système; elles n'en sont pas même une suite nécessaire, et ne doivent pas empêcher nos législateurs d'arrêter un moment leur attention sur une théorie qui me semble réunir les avantages d'un état fédératif à ceux d'une monarchie constitutionnelle.

Une autre question se présente : Les deux chambres doivent-elles être conservées? Je ne saurais concevoir cette division du Corps législatif dans un État où tous les citoyens, égaux en droits, se sont imposé les mêmes devoirs. Notre noblesse nationale n'ayant point de priviléges à défendre, ses intérêts ne sont-ils pas les mêmes que ceux des communes? Dans tous les objets qui nécessitent la convocation des députés, je ne vois en eux que des propriétaires, des négocians ou des capitalistes. Si l'on tenait absolument à cette division, je pencherais plutôt pour celle des anciens et des jeunes, que pour toute autre; et à l'ouverture de chaque session, il suffirait alors de faire une chambre distincte des soixante plus anciens membres de l'assemblée.

Si mon système était adopté, il pourrait se faire qu'on le considérât uniquement comme devant servir à la formation d'une chambre des communes, et que les idées du jour, la force de l'exemple, fissent rétablir une grande autorité permanente, comme le Sénat conservateur ou la Chambre des pairs. On peut citer, en faveur de ce rétablissement, la nécessité de décerner de grandes récompenses nationales aux Français qui, par leurs talens, leurs vertus et leurs services, ont illustré leur carrière et leur patrie; et j'avoue qu'on ne saurait plus digne-

ment les récompenser qu'en leur confiant le dépôt sacré de nos institutions, qu'en les admet-
tant au partage de la souveraineté. Mais, Sire,
qu'on les dégage alors de tout intérêt person-
nel; qu'ils n'aient plus rien à désirer pour eux-
mêmes, ce sera trop encore qu'ils aient à solli-
citer pour les leurs. Le projet de les absorber
était une idée heureuse ; pourquoi l'avoir aban-
donnée? Si vous leur laissez un ministère en
perspective, ils redeviendront les complaisans
du monarque, les esclaves de leur égoïsme, et
ne seront plus les pères de la patrie.

Le chef d'un empire a mille moyens de s'assurer de l'obéissance de ses sujets, de la fidélité
de ses peuples ; nous sommes entourés de sur-
veillans, d'espions de toute espèce ; et nous
n'avons, en revanche, que de faibles recours
contre les délégués de l'autorité souveraine. La
ressource des pétitions est insuffisante. Le monarque qui les reçoit est obligé de s'en rappor-
ter à une commission trop souvent infidèle et
quelquefois intéressée. Quand on les adresse
aux députés de la nation, la publicité qu'on leur
donne nuit à l'autorité qu'elles attaquent, lors
même que leur injustice est reconnue, et peut
devenir préjudiciable au pétitionnaire, lors
même qu'il obtient réparation. Ne pourrait-on
pas créer des fonctionnaires expressément char-

gés de les recueillir , et d'écouter secrètement les plaintes des administrés ? Je les appellerais du nom de tribuns, et j'en fixerais le nombre à vingt-cinq. Les cinq plus anciens formeraient à Paris un conseil permanent. Les vingt autres parcourraient les provinces; ils adresseraient au conseil le résultat de leurs observations et de leurs recherches , et le conseil les porterait au pied du trône. Pour leur ôter toute influence politique, et prévenir les émeutes populaires, dont leur titre et la nature de leurs fonctions pourraient être la cause , je leur interdirais le droit de parler dans les assemblées publiques, de faire même des proclamations. Quatre mots suffiraient pour annoncer au peuple leur arrivée. Ils ne pourraient jamais se trouver deux ensemble dans le même département , ni séjourner plus d'un mois dans la même ville. Il faudrait pourtant que ces magistrats ambulans , ces *missi dominici*, eussent le droit d'appeler et d'entendre des témoins , et d'exiger des administrations la communication des pièces nécessaires à leurs enquêtes. Ils seraient enfin les procureurs-généraux d'un tribunal, dont l'autorité ne serait nuisible qu'aux administrateurs infidèles , sans porter aucun préjudice aux droits du souverain, qui resterait libre d'en approuver ou d'en casser les arrêts.

Si nos législateurs adoptaient cette institution, je voudrais qu'on ajoutât aux pouvoirs
de ces tribuns, celui de juger les hommes célèbres après leur mort, et de leur décerner des
honneurs. Il est un lieu saint et majestueux,
sur le frontispice duquel je lis cette inscrip-
tion :

AUX GRANDS HOMMES LA PATRIE RECONNAISSANTE.

Je pénètre avec respect sous les voûtes sou-
terraines de ce temple, et des noms inconnus
à la Gloire, des noms, que la Renommée n'a
pas même accompagnés sous le péristyle, se
présentent à ma vue, et j'y cherche vainement
quelques-uns de nos guerriers célèbres, quel-
qu'un de nos poètes fameux. Je demande les
titres de ceux à qui furent accordés de pareils
honneurs; on me répond : Ils ont siégé dans le
Sénat, ou dans les conseils du monarque. Je ne
veux point insulter à leurs mânes ; ils furent
sans doute des citoyens estimables, des hommes vertueux, d'excellens pères de famille ;
mais ce sont de grands hommes que je viens
honorer. Par cela seul qu'ils auront occupé des
places éminentes, faut-il que le Panthéon re-
cueille leur dépouille avant même qu'on s'in-
forme s'ils les ont dignement remplies ? L'adu-
lation poursuivra-t-elle les hommes puissans

jusqu'au - delà du tombeau ? emprunterons-nous les plus belles institutions des peuples pour les dénaturer ? Que les cercueils qui reposent sous ces voûtes sacrées y demeurent ; je ne profane point les sépulcres, et je respecte la cendre des morts ; mais qu'à l'avenir, les portes de cet auguste sanctuaire ne s'ouvrent qu'après l'intervalle de cinq années, et sur un décret de la nation représentée par ses tribuns. Que les députés des provinces le sollicitent pour les citoyens illustres ; que l'Institut le demande pour les poètes, les artistes et les savans ; que le monarque le réclame pour ses délégués, et que les tribuns prononcent. J'étendrais encore plus loin cette auguste juridiction. Pourquoi n'adopterions-nous pas ce noble usage de là vieille Egypte, qui forçait l'ombre des rois eux-mêmes à comparaître au tribunal des peuples qu'ils avaient gouvernés ? Quelle grande et salutaire leçon pour les héritiers du sceptre ! Elle ne pourrait tourner qu'à leur gloire, et les peuples auraient une garantie de plus. Les rois vulgaires iraient se confondre dans les caveaux de Saint - Denis : les Charlemagne, les Philippe-Auguste, les Charles V, les Louis XII, les François I^{er}, les Henri IV, seraient portés au milieu des grands hommes. Une place distincte, une estrade un peu plus élevée, annonceraient seu-

lement à la postérité que ces tombeaux ont re-
cueilli les débris d'un trône. Je sais que la mort
nivelle les rangs ; mais les vivans descendent
quelquefois dans ce séjour des morts , et je sais
qu'il est des respects qu'il ne faut point affaiblir.

Sire , je finirai mes réflexions en soumettant
à Votre Majesté quelques idées sur la noblesse.
Cette institution est de tous les temps et presque
de tous les peuples : elle est inhérente à la monarchie , et les trônes ont besoin de cet appui.
Je ne répéterai point ce qu'on a tant de fois écrit
sur cette matière ; je n'examinerai point laquelle
de la noblesse héréditaire ou de la noblesse per-
sonnelle convient le mieux à nos principes et à
notre situation ; mais il est un terme-moyen qui
reunirait les avantages de l'une et de l'autre, et
j'oserai le proposer à nos législateurs. Il est un
titre célèbre dans nos annales ; les plus grands
de nos seigneurs , les plus fameux de nos guerriers se sont honorés de le porter ; des rois
même l'ont reçu avec orgueil. Que celui-là seul
demeure héréditaire ; que le fils d'un baron ,
d'un comte, d'un duc ou d'un prince ne soit
que chevalier, et qu'il acquierre , par des talens
et des services , les titres de ses ancêtres. Il ne
sera point déshérité de la gloire de sa maison ;
mais il sera forcé de s'en rendre digne. Les honneurs acquis par sa famille exciteront son am-

bition au lieu de flatter son indolence ; et, s'il
reste au-dessous de son père, il en sera comp-
table envers ses mânes, et rougira de trans-
mettre à ses enfans un nom dégénéré. Quelle
heureuse émulation produirait cette réforme
salutaire parmi les héritiers des noms illustres !
et quels avantages n'en retireraient point l'Etat
et le monarque !

Sire, je vous livre mes opinions et mes sys-
tèmes. Si Louis XVIII ne se fût hâté de nous
donner une charte, s'il nous eût laissé le temps
de lui communiquer nos idées, je lui aurais
soumis les miennes. Ces réflexions tourmentent
depuis long-temps mon cœur et ma pensée, et
je les crois utiles à ma patrie. Si je n'ai point
toujours dit la vérité, du moins j'ai toujours
cru la dire. J'ai étudié mon siècle ; j'ai observé
ce peuple qui a déjà passé les temps accordés
par le destin aux plus grands peuples de l'Europe ; et je ne cesserai jamais de le redire : On
ne sauvera notre vieille France qu'en la rajeu-
nissant.

FIN.

---

DE L'IMPRIMERIE D'ADRIEN ÉGRON,
rue des Noyers, n°. 57.

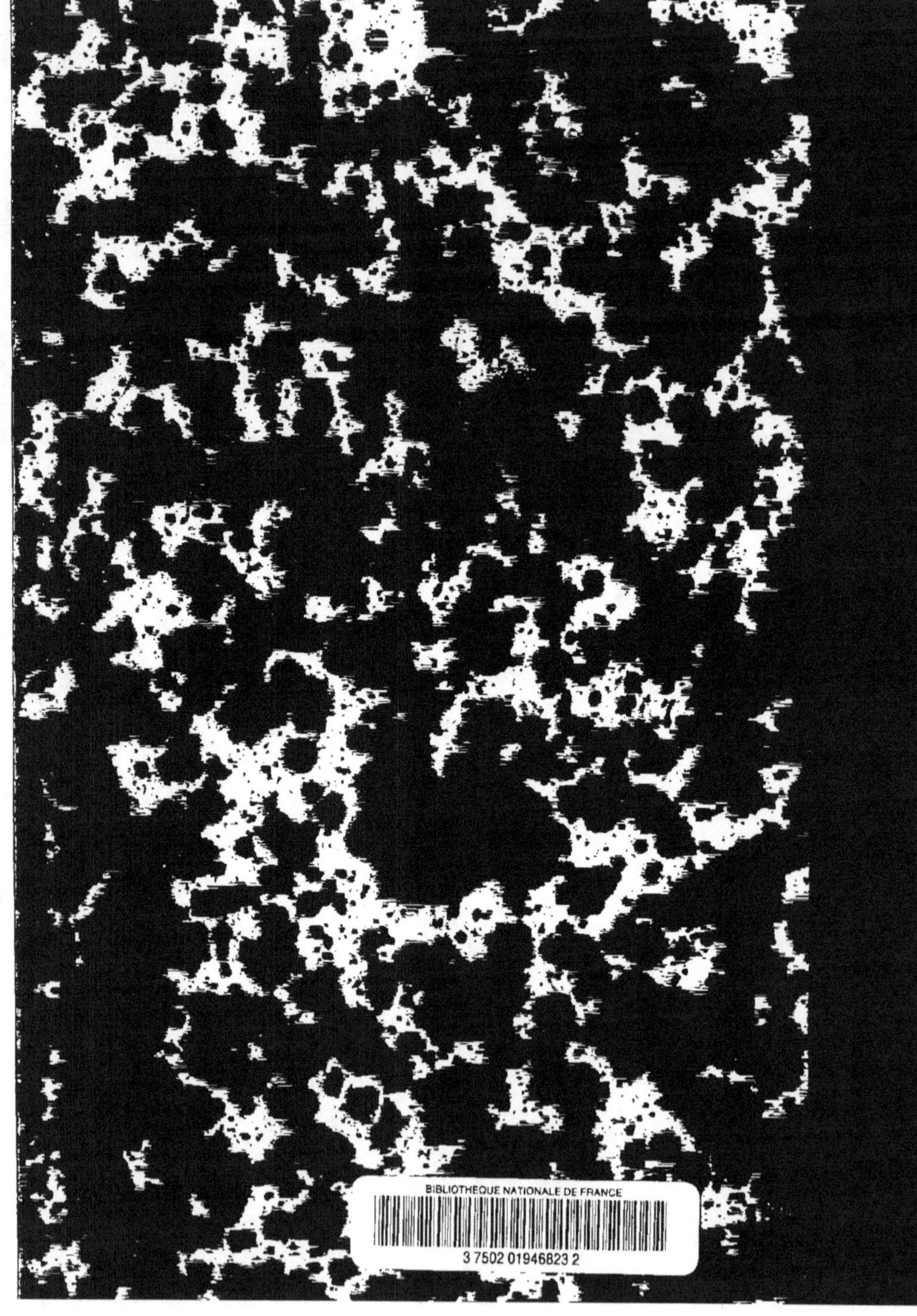
BIBLIOTHEQUE NATIONALE DE FRANCE
3 7502 01946823 2

* 9 7 8 2 0 1 2 4 7 6 9 5 0 *